AF448780

© Claude Marc 2015 (textes et dessins)

www. Pour-enfants.fr

© Claude Marc - 18 Rue Rochebrune - 93100 Montreuil.

Première édition sous forme de livre numérique en mai 2012

(ISBN 979-10-91524-0-49)

Imprimé par CreateSpace

Dépôt légal : Mai 2015. ISBN 979-10-91524-25-4

Loi n° 49-956 du 16 juillet 1949 sur les publications destinées à la jeunesse

Charades pour enfants

Voici une série de plus de 100 charades pour enfants. Toutes ces charades ont été proposées par des enfants sur mon site, **Pour-enfants.fr.**

Ce petit livre permettra aux enfants, aux papas, mamans, tontons, mémés, pépés... bref à toute la famille de s'amuser ensemble. En tout cas je l'espère.

Amusez vous bien !
Claude

Claude, Montreuil

Une charade qui utilise des notes de musique.

Mon premier est une note de musique.
Mon deuxième est une note de musique.

Mon tout se dit d'une brioche cuite à point.

T'as trouvé ? Facile !

Dorée (do - ré)

Zozo, 6 ans, Casablanca

Mon premier se regroupe souvent
par 32 ou 54.
Mon second est une terre entourée d'eau.
Mon troisième change à chaque anniversaire.

Mon tout se trouve sur l'os.

Cartilage (carte-île-âge)

Christophe

Mon premier est une note de musique.
Mon second se trempe dans la sauce.
Mon troisième est un chiffre entre 1 et 3.
Mon quatrieme voit passer les trains.
Mon cinquième est une consonne.

Mon tout est un animal de la forêt.

Lapin de garenne (la-pain-deux-gare-n)

Yma

Mon premier on le fait tous les jours.
Mon second c'est le contraire d'en bas.

Mon tout est quelque chose qu'on mange tous
les matins.

Cacao (caca-o)

Ah bravo ! Ça passe pour cette fois mais halte
au pipi-caca dans vos créations, les enfants !

Chaima

Mon premier est un oiseau parfois bavard qu'on dit voleur.
Mon deuxième coupe le bois.
Mon troisième aide à dire non.

Mon tout est rempli d'eau mais pas de poissons.

Dis-moi est-ce que t'as trouvé ?

Piscine (pie-scie-ne)

Lucie, 10 ans

Mon premier se trouve dans une année.
Mon second est un animal carnivore et sauvage
mais ce n'est pas le lion.

Mon tout est un mot féminin.

T'as trouvé ? Fastoche : Moyenne !
(mois-hyène)

Océane

Mon premier est le contraire de tard.

Mon second est le contraire de laid.

Mon troisième se met aux mains quand on a froid.

On glisse sur mon tout.

Toboggan (tôt-beau-gant)

Mathilde

Mon premier permet d'entrer dans une
maison.
Mon second sert à ouvrir mon premier.

Et mon tout sert à accrocher mon second.

Le porte-clés

Bastien, 9 ans, Paris

Mon premier est un moyen de transport.
Mon deuxième est une personne bête.
Mon troisième est l'action de sonner.

Mon tout est une ville fortifiée.

Carcassonne (car-cas-sonne)

Leila, 9 ans, Paris

Mon premier est le mâle de la biche.
Mon second est un animal qui fait la roue.

Mon tout est un animal qui rampe.

Un serpent

Salika, 9 ans, Paris

Mon premier est une petite montagne.
Mon second est un sport où on frappe une petite balle pour la faire entrer dans un trou.
Mon troisième est très content.

Mon tout vole.

Mongolfière (mont-golf-fier)

Jeanne, 9 ans, Paris

Mon premier est une boisson.
Mon deuxième est une boisson.
Mon troisième est une boisson.

Mon tout est une boisson.

Café au lait (café-eau-lait)

Mbembe, 10 ans, Annemasse

Mon premier est une note de musique.
Mon deuxième pointe sur le visage.
Mon troisième indique qu'elle est à moi.
Mon quatrième est un demi TOTO.
Mon cinquième n'est pas maigre.
Mon sixième brûle.

Mon tout est un art né à la fin du XIXème siècle.

Le cinématographe (si-nez-ma-to-gras-feu)

Mbembe, 10 ans, Annemasse

Mon premier est la deuxième consonne.

Mon deuxième est un an à l'envers.

Mon troisième est une céréale asiatique.

Mon quatrième coule.

Mon tout raconte une histoire.

Scénario (c-na-riz-eau)

Tatiana, 14 ans, Corbeil

Mon premier est un déterminant possessif.
Mon second est un style de musique.

Mon tout est un pays d'Afrique.

Le Maroc (ma-rock)

Marie-Catherine, 9 ans, Aulnay-sous-Bois

Mon premier est une planète.
Mon deuxième est dans le mot oseille.

Mon tout est une ville du sud de la France.

Fastoche : Marseille (Mars - eille)

Marie-Catherine, 9 ans, Aulnay-sous-Bois

Mon premier est une planète.
Mon deuxième est dans le mot rien.

Mon tout vit sur une planète bleue.

Terrien (terre-ien)

Un gros bisou de papa à ma fille chérie...
Merci pour ta charade.
Claude

Kahina, 12 ans

Mon premier sert à jouer.

Les gens aiment mon deuxième.

Mon troisième se situe aux centre de mon visage.

Mon tout se passe souvent vers midi.

Déjeuner (dé-jeu-nez)

Kahina, 12 ans

Mon premier est synonyme de "morceau".
Mon deuxième est le verbe "fumer" à la 3ème
personne du singulier au présent.
Mon troisième se mange avec des baguettes
chez les chinois.

Mon tout est un magasin.

Parfumerie (part-fume-riz)

Kahina, 12 ans

Mon premier est le petit de la biche.
Mon deuxième est un récipient dans lequel on
boit du café, du thé…
Mon troisième est un insecte qui se plante
dans notre peau.
Mon tout est un adjectif qui veut dire
merveilleux, super.

Si tu as trouvé, tu l'es aussi !

Fantastique (faon-tasse-tique)

Trop cool cette charade !

Yousra, Casablanca, 12 ans

Mon premier est un apôtre.

Mon deuxième est entre la naissance et la mort.

Mon troisième est une conjonction.

Mon tout arrive juste une fois par année.

Janvier (Jean-vie-et)

Yousra, Casablanca, 12 ans

Mon premier est une préposition.
Mon deuxième est utile au golf.
Mon troisième est un liquide.
Mon quatrième est un oiseau.

Mon tout est un pays.

Ethiopie (et-ti-eau-pie)

Yousra, Casablanca, 12 ans

Mon premier est à l'extrémité.
Mon deuxième ne va pas vite.
Mon troisième est un oiseau.

On apprécie mon tout pour sa nourriture.

T'as trouvé la réponse ?

Boulanger (bout-lent-geai)

Zelko, 9 ans, Saint-Cyr-sur-Mer

Mon premier évoque la plaine.
Mon deuxième est un pronom personnel.

Mon tout est où on va l'été.

Plage (plat-je)

Jordanne, 9 ans, Montréal

Une charade facile...
... mais drôle et inattendue.

Mon premier est un animal domestique.
Mon deuxième vit dans les égoûts.
Mon troisième est un petit mot de deux lettres.

Mon tout est ce que je te demande de faire.

Charade (chat-rat-de)

Thomas, 10ans, Port-Sainte-Marie

Mon premier est un animal à moustaches.
Mon second est un animal à moustaches.
Mon troisième est un animal à moustaches.

Mon tout est une danse.

Qui suis-je?

Le chachacha (chat-chat-chat)

Jennifer, 21 ans, Tampon

Mon premier est la place préférée des canards.
Mon deuxième commence sucette.
Mon troisième est un oiseau qu'on dit voleur.
Mon quatrième est une note de musique.
Mon cinquième se trouve dans le pain.

Mon tout est un animal de bande dessinée.

Il s'agit bien sûr du célèbre Marsupilami, créé par Franquin, et qui enchante les aventures de Spirou et Fantasio. (mare-su-pie-la-mie)

Emmanuelle, 9 ans

Mon premier tire des flèches.
Mon deuxième dure 365 jours.
Mon troisième est au-dessus de nous.

Mon tout est de toutes les couleurs.

Arc-en-ciel (arc-an-ciel)

Dounia

Mon premier est une planète.

Mon deuxième est la 21ème lettre de l'alphabet.

Mon troisième est la première syllabe de "picorer".

Mon quatrième est les deux dernières syllabes de "salami".

Mon tout est un personnage de BD.

Marsupilami (mars-u-pi-lami)

Dounia

Mon premier a six faces.

On dort dans mon deuxième.

Mon troisième est le pluriel de ciel.

Mon tout signifie très bon.

Délicieux (dé-lit-cieux)

Audrey, 11ans, Montigny-les Cormeilles

Mon premier est un organe de la tête.
Mon deuxième n'est pas rapide.

Mon tout est un jeu plein air.

Un cerf-volant (cerveau-lent)

Leslie, 14 ans, Paris

Mon premier est un légume.
Mon second est une partie du corps.

Mon tout veut dire merci en arabe.

Choukran (chou-crâne)

Une bonne idée que cette charade sur un mot arabe !
Claude

Lili, 9 ans, Argenteuil

Mon premier est un instrument à vent.
Mon deuxième est la maison de l'oiseau.
Mon troisième est la fin du mot bouchon.

Mon tout est vert et se mange.

Cornichon (cor-nid-chon)

Marie-Catherine, 9 Ans, Aulnay-sous-Bois

On obtient mon premier en partageant un gâteau.

Mon second est un acarien.

Mon troisième est une voyelle.

Mon quatrième est le synonyme d'attacher.

Mon tout est très spécial.

Particulier (part-tique-u-lier)

Lauriane, 11 ans, Fermont

Mon premier, les voitures passent dessus.
Mon second est une partie du corps.

Mon tout est une personne qui sauve des gens.

Pompier (pont-pied)

Jihane, Rabat

Mon premier est dans le pain.
Mon deuxième est un félin.
Mon troisième nous aide à respirer.

Mon tout, tout le monde veut l'être.

Millionnaire (mie-lion-air)

Ali de Casablanca

Mon premier est la première lettre de
l'alphabet.
Mon deuxième est le prénom d'un grand
humoriste d'origine marocaine.
Mon troisième est la terminaison des verbes du
deuxième groupe, à l'infinitif.

Mon tout est une ville du Maroc.

Agadir (a-Gad *(Elmaleh)*-ir)

Hoëlla, 8 ans, Saint-Brevin

Mon premier est une rangée d'arbre qui sépare deux champs.

Mon deuxième est une céréale qu'on mange beaucoup en Asie.

Tu n'entends plus la télé si tu coupes mon troisième.

Mon tout finit d'hiberner au printemps.

Le hérisson (haie-riz-son)

Hoëlla, 8 ans, Saint-Brevin

Mon premier n'est pas faible.

Mon deuxième est un animal de la famille de l'âne.

Mon troisième est la première syllabe de maman.

Mon quatrième suit le i.

Les chiens s'amusent a tourner en rond pour attraper mon cinquième.

Mon tout est ce que disent les fées pour accomplir tes voeux.

Qui suis-je ?

Formule magique (fort-mule-ma-j-queue)

Hoëlla, 8 ans, Saint-Brevin

Les oiseaux vivent dans mon premier.

Mon deuxième sert à assembler deux morceaux.

Mon troisième est la première lettre de l'alphabet.

Mon tout est un prénom de garçon.

Nicolas (nid-colle-a)

Panero, 9 ans, Rives

Mon premier est l'endroit où les bateaux accostent.
Mon deuxième est la deuxième personne du singulier.
Mon troisième est une maladie des temps anciens.

Mon tout est un pays.

Le Portugal (port-tu-gale)

Amanda, 11ans, Mousey

Les souris fuient mon premier.

Mon deuxième n'est pas tard.

Mon troisième est le résultat de 1+1.

Mon quatrième recouvre le désert du Sahara.

Tu construis mon tout sur la plage.

Château de sable (chat-tôt-deux-sable)

Catherine, 14 ans, Mont-Tremblant

Je suis une expression. Qui suis-je ?

Terre
pied pied
pied pied
pied pied

Six pieds sous terre

Manon, Amboise

Mon premier est un animal à grandes oreilles.
Mon second est ce que construisent les oiseaux
dans les arbres.
Mon troisième sert à boire.
Mon quatrième est le mâle de la biche.

Mon tout est ce qu'on fête le jour de ta
naissance.

Anniversaire (âne-nid-verre-cerf)

Elena, 12 ans, Lyon

Mon premier est avant "do".
Mon deuxième est après "do".

Mon tous se met sur le dos.

Le ciré (si-ré)

Elena, 12 ans, Lyon

Mon premier est une couleur de cheveux.
Mon second est une habitude bizarre.

Mon tout est un pays.

Eh oui c'est facile, j'en suis sûre, vous allez
trouver la réponse mais qui sait, quand même
vaut mieux écrire la réponse !

Roumanie (roux-manie)

Alexandre, 8 ans, Rombas

Mon premier est une partie du pain.

Mon deuxième est le contraire de non.

Mon troisième est un objet qui coupe.

Mon quatrième est un oiseau noir et blanc.

Mon tout est un fleuve américain.

Mississippi (mie-si-scie-pie)

Camilia, 8 ans, Castanet

Mon premier est la première lettre de l'alphabet.
Mon deuxième est le contraire de dur.
Mon troisième est la 18ème lettre de l'alphabet.

Mon tout est un mot qui veut dire je t'aime.

Amour (a-mou-r)

Caroline, 9 ans

Je reçois mon premier à ma naissance.
Mon second est la quinzième lettre de
alphabet.
Mon troisième est le contraire de court.

Mon tout est un instrument de musique.

Violon (vie-o-long)

Mon premier est un légume à croquer.
Mon deuxième est la première lettre de
l'alphabet.
Mon troisième transforme un institut en
professeur.

Mon tout nous réchauffe durant les longs mois
d'hiver.

Radiateur (radis-a-teur)

Lescar le roi des charades

Mon premier n'est pas froid.
On va très vite quand on passe le mur de mon second.

Mon tout peut être aux pommes ou aux pieds.

Chausson (chaud-son)

Lescar le roi des charades

Mon premier est un oiseau bavard.
Mon second se passe au doigt des mariés.

Mon tout peut être droit ou à queue.

Piano (pie-anneau)

Lescar le roi des charades

Mon premier est l'animal domestique de Simon.

Mon second est le contraire de tard.

Mon troisième n'est pas une mauviette.

Mon tout a été construit au Moyen-âge.

Château-fort (chat-tôt-fort)

Lescar le roi des devinettes

Devant moi, tes yeux s'illuminent.
Pourtant si tu me vois trop,
Tu pourrais fondre du cerveau
Et ne pas avoir bonne mine.

Qui suis-je ?

La télévision

Lescar le roi des devinettes

On me fait souvent avaler la poussière et pourtant je ne me bats jamais !

Qui suis-je ?

L'aspirateur

Lescar le roi des charades

Mon premier est un oiseau au plumage noir et
blanc.
Mon deuxième coupe le bois.
Mon troisième aide à dire non.

Mon tout est rempli d'eau mais pas de
poissons.

Piscine (pie-scie-ne)

Scott

Mon premier est un petit objet à six faces.
Mon deuxième est un déterminant possessif commençant par "m".
Mon tout vit dans les enfers.

Le démon (dé-mon)

Léa, 8 ans, Wormhout

Mon premier est un récipient.
On dort dans mon deuxième.
Mon troisième est un chiffre.
Mon tout qualifie un objet résistant.

Solide (seau-lit-deux)

Cyril, 8 ans, Rochy-Condé

Mon premier se fait en vacances.
Mon deuxième fait partie des cinq sens.
Mon troisième est une couleur de cheveux.

Mon tout est un animal qui vit en Australie.

Kangourou (camp-goût-roux)

Carla, 10 ans, La Seyne-sur-Mer

Mon premier est la capitale de l'Italie.
Mon second est de la même famille que le cheval.

Mon tout est un prénom.

Qui suis-je ?

Romane (Rome-âne)

Carla, 10 ans, La Seyne-sur-Mer

Mon premier n'est pas bon pour la santé si on en mange trop.
On aime bien aller dans mon second quand il fait beau.

Mon tout est une matière d'école.

Grammaire (gras-mer)

Vic

Mon premier est une voyelle.
Mon deuxième fait peur lorsqu'on le dit par surprise.

Mon tout est un oiseau de nuit.

Hibou (i-bouh)

Azeb, 11ans

Mon premier coule du robinet.
Mon second est l'animal qui tire le traîneau du
Père noël.

Mon tout est un département français.

Lorraine (l'eau-renne)

Claire

Mon premier est la 11ème lettre de l'alphabet.
Mon second est un chiffre compris entre
1 et 10.

Mon tout est un fruit.

Le cassis (k-six)

Gaelle, 9 ans, Liban

Mon premier est un adjectif possessif.
Mon deuxième est surtout cultivé en Chine.
Mon troisième est une lettre exclamative.
Mon quatrième est le contraire de flou.

Mon tout est ce qu'aiment les bébés.

Marionnette (ma-riz-o-net)

Gaelle, 9 ans, Liban

Mon premier est ce que boivent les bébés.
Mon deuxième est un pronom personnel.

Mon tout est ce qu'aiment les tortues.

Laitue (lait-tu)

Gaelle, 9 ans, Liban

Mon premier est toujours négatif.
Mon deuxième est un oiseau bavard.
Mon troisième sert à énumérer pleins de choses.

Mon tout est synonyme de **feuille**.

Papier (pas-pie-et)

Anonyme

Mon premier est le contraire lent.
Mon second est un cri ou une lettres de
l'alphabet.
Mon troisième est au bout des crayons.

Mon tout est bon pour le corps.

Vitamine (vite-a-mine)

Rémi, 9 ans, Agen

Mon premier est une céréale.
Mon second garde les buts.
Mon troisième est une voyelle.
Mon quatrième est un chiffre pair.

Mon tout est provoqué par une bonne histoire drôle !

Rigolade (riz-goal-a-deux)

Sofia, 8 ans, Agen

Mon premier est au milieu de la figure.
Mon deuxième n'est pas habillé.
Mon troisième avertit les bateaux.

Mon tout est une plante que l'on trouve dans les mares.

Nénuphar (nez-nu-phare)

Justine

On danse dans mon premier.
Mon second dure 365 jours.
Mon troisième est le contraire de matin.

Mon tout sert à se balancer.

Balançoire (bal-an-soir)

Emilie Poissy

Mon premier est le feminin de *me*.

Mon second est une céréale.

Mon troisième est la première lettre de
l'alphabet.

Mon quatrième est la première personne du
singulier.

Mon tout est heureux.

Mariage (ma-riz-a-je)

Dorine, 10ans, Besançon

Mon premier est un poisson.
Mon deuxième est un poisson.

Mon tout est l'un des membres de ma famille.

Tonton (thon-thon)

Victoria, 11 ans, Paris

Mon premier est une note de musique.

Mon deuxième sert à écrire.

Mon troisième est une lettre.

Mon quatrième est la fin du mot attention.

Mon tout se passe pendant l'école.

Récréation (ré-craie-a-tion)

Laura, 10 ans

Mon premier les pompiers l'éteignent.

Je respire avec mon second.

Mon troisième est la dernière syllabe du mot montre.

Mon tout est pour regarder dehors.

Fenêtre (feu-nez-tre)

Laura, 10 ans

Mon premier est la quinzième lettre de
l'aphabet.
Mon second est un oiseau que l'on dit voleur.
Mon troisième est la dernière syllabe de
emmental.

On met des personnes blessées dans mon
tout.

Hôpital (o-pie-tal)

Message de **Claude**

C'est pas fini de dire que les pies sont des oiseaux voleurs ? Creusez-vous la tête ! Savez-vous que les pies peuvent parler ? Pas aussi bien que les perroquets, mais elles peuvent... Je le sais, j'en ai eu plein des pies, quand j'étais petit.

John, 10 ans, Liban

Mon premier aide à parler et à chanter.
Mon deuxième est la deuxième personne du singulier.
Mon troisième est la terminaison de rejoindre.

Mon tout est un moyen de transport.

Voiture (voix-tu-re)

Clémence

Mon premier est un animal.
Mon deuxième est un animal.
Mon troisième est un animal.
Mon dernier est un animal.

Mon tout est un animal.

Serpent python (cerf-paon-pie-thon)

J'adore cette charade !
Claude

Anonyme

Mon premier est un déterminant possessif.
Mon second est le contraire de "dit la vérité".
Mon troisième est un pronom personnel à la
1ère personne du singulier.
Mon quatrième est une idée ou un sujet autour
desquels s'organise une action.

Mon tout maman je te le dis souvent.

Maman je t'aime (ma-ment-je-thème)

Trop mignon !

John, 10 ans, Liban

Mon premier est quelque chose qu'on prend dans la figure quand on boxe.
Mon deuxième est une moitié de singe.

Mon tout est l'objet où l'on pose la tête quand on dort.

Coussin (coup-sin)

Tinhinane, 11 ans, Algérie

Mon premier est un animal domestique.

Mon second est un oiseau.

Mon troisième est le contraire de **tard**.

Mon tout appartient au cirque.

Chapiteau (chat-pie-tôt)

Tinhinane, 11 ans, Algérie

Mon premier n'est pas froid.
Mon deuxième est le contraire de **sous.**

Mon tout est utile à l'homme.

Chaussure (chaud-sur)

Maryline, 10ans, Cavaillon

Mon premier est le contraire de long.
Mon deuxième l'action que l'on fait pour
mettre les déchets à la poubelle.

Mon tout est un légume.

Courgette (court-jette)

Mathéo, 8 ans, Saint-François

Mon premier éclaire les bateaux la nuit.
Mon deuxième est le féminin de mon.
Mon troisième sert à couper le bois.

Mon tout aide les malades.

Pharmacie (phare-ma-scie)

Mathéo, 8 ans, Saint-François

Mon premier est un animal domestique à moustaches.

Mon deuxième traverse la ville.

Mon tout creuse des sillons.

Charrue (chat-rue)

Mathéo, 8 ans, Saint-François

Mon premier est un fruit.

Mon deuxième est un fruit.

Mon 3ème est un fruit.

Mon 4ème est un fruit.

Mon 5ème est un fruit.

Mon 6ème est un fruit.

Mon 7ème est un fruit.

Mon tout est un air de musique très connu.

Pom pom pom pom pom pom pom

Mélodie, 13 ans, Algérie

Mon premier est un moyen de transport.
Mon deuxième est un meuble de cuisine.

Mon tout t'accompagne à l'école.

Cartable (car-table)

Margaux, 10ans, Joigny

Mon premier est ce que tu ressens quand tu fais une compétition.

Mon deuxième est la vingtième lettre de l'alphabet.

Mon troisième ce sont les trois lettres après le "p" du mot "peur".

Mon tout est un engin souvent utilisé à la ferme.

Tracteur (trac-t-eur)

Rayane, Alger

Je suis une note de musique cachée dans le pain.

Qui suis-je ?

Mi (mie de pain)

Moi j'aime bien. On peut dire aussi :

Mon premier est mon tout. Et je suis une note de musique cachée dans le pain.
Claude

Jeanne, 10ans, Toulouse

Mon premier est une couleur.
Mon deuxième est une note de musique.
Mon troisième est une chose avec laquelle on
peut transporter de l'eau.

Mon tout est une petite bête.

Vermisseau (vert-mi-seau)

Belkadi, 13 ans, Oran

Pour terminer ce recueil de charades en beauté voici maintenant une charade à tiroirs. Nous personnellement on n'a pas trouvé.

Mon premier ne dîne pas au beurre.
Mon second est atteint d'aérophagie.
Mon troisième tuera une jeune à Scion.
Mon quatrième est la honte de sa famille.

Mon tout est un ancien roi légendaire.

Mon premier est "sar" car sardine à l'huile.
"Sar dîne à l'huile"
Mon second est "da" car Dagobert.
"Da gobe air"

Mon troisième est "na" car naturalisation.
"na tuera Lise à Scion"
Mon quatrième est "pal" car paléontologie.
"pal est honte au logis"

MON TOUT EST SARDANAPALE !

C'est fort ! À réserver aux experts. Mais en tout cas c'est rigolo. Moi non plus je n'ai pas trouvé. Au fait, Sardanapale est le dernier grand roi d'Assyrie. Il a vécu de 669 à 627 avant J.-C.
Claude

Ces charades vous ont plu ? Vous trouverez plein d'autres jeux, blagues et devinettes sur mes sites pour enfants.

À bientôt sur
www.Pour-enfants.fr !